Angel R. Almagro

LE RÊVE DU PRINCE AILÉ

Volume 1

ISBN: 978-1-77076-747-8

Ce livre a été créé avec StreetLib Write
(http://write.streetlib.com).

CRÉDITS

Publié par les Editions Dédicaces.

Table des matières

CRÉDITS

Publié par les Editions Dédicaces.

Table des matières

Introduction

La Nouvelle Poésie

J'ai osé baptisé la nature de mon recueil de poèmes « Le Rêve du Prince Ailé » comme « La Nouvelle Poésie », conçue comme une approche littéraire sans frontières pour un monde sans oppression, sans terrorisme et sans guerres; un monde sans faim et sans misère; un monde où le fruit du travail humain serait la satisfaction des nécessités matérielles et spirituelles des gens. Et cette poésie qui prévient les calamités humaines en abordant et en affrontant les causes qui les provoquent, persuade et dissuade pour un monde plein de félicité et d'amour pour tous.

Cependant, cette ressource stylistique, que j'appelle librement « La Nouvelle Poésie », ne dit pas que les riches renoncent à leurs richesses pour les partager avec les pauvres, les sans-culottes; mais qu'ils aident ceux-ci à atteindre la leurs au moyen du travail équivalent et de l'accessibilité au développement culturel, technologique et scientifique.

« La Nouvelle Poésie », le premier dessein poétique suivant un programme méthodologique, didactique et illustratif, réclame pour un Monde différent avant et après les événements tragiques du Onze Septembre.

Cet évènement a été un véritable point de repère envers ce monde dont nous avons tous besoin, nous tous, les Juifs, les Chrétiens et les Musulmans, ayant un même lieu sacré et sanctuaire d'adoration, Jérusalem, ville des hébreux, sans oublier, pourtant, ceux qui suivent le credo du Bouddhisme et de l'Hindouisme, et ceux qui n'ont pas de credo.

Et en rêvant de ce monde nouveau, il ne faut pas oublier les croyants de l'Afrique noire avec leur tradition religieuse et culturelle. Ils pourraient y adorer leur Dieu en paix, sous une atmosphère de prospérité et de bonheur, mais chacun sous sa culture et son credo, sans peur et sans haine, mais avec amour, en laissant l'interrelation culturelle et économique y évoluer librement vers une culture universelle commune, la globalisation culturelle, ou plutôt l'interrelation culturelle dans un « Idyllique Nouvel Eden », étant « La Nouvelle Poésie » un petit écho de cette évolution culturelle.

Béni le Créateur
Qui encore ce lieu conçoit
Rempli d'amour, de fleurs
De paix, d'espoir, de joie.

Et cet espoir nous tient
Heureux dans cet Eden
Couvert de fleurs au moins
Que l'homme efface sa peine.

[1] De là que « la Nouvelle Poésie », à partir de laquelle l'œuvre poétique « AMEN » est née, soit une réponse pour ce Monde rêvé, étant « Le Rêve du Prince Ailé I et II » sa révélation, ou la plus proche illustration stylistique et linguistique de ce Monde Nouveau. De même, toute poésie qui prône le bonheur de l'homme et la femme, et de leur milieu, la Terre, en dépit de sa structure et sa prosodie, est commune à la nature ou dessein de mon recueil « Le Rêve du Prince Ailé I et II ».

A savoir

Un Mardi, l'Onzième Jour du Mois de Septembre de l'année 2001, la première année du Troisième Millénaire de l'Ere Chrétienne, la haine des confondus s'en prit tristement de la Métropole Universelle de New York. Et un autre Mardi, le Quatorzième Jour du Mois de Juillet, mais de l'année 1789 du Siècle des Lumières, le courroux des anges affamés, les sans-culottes, avait fait de la sorte de la Métropole Parisienne quand ils s'en prirent de La Bastille, la Déclaration d'Indépendance Américaine ayant joué un rôle incontestable dans l'esprit de cette époque.

Dans la Ville de Molière et de Victor Hugo, où le roman historique de ce dernier, « Les Misérables », fut publié pour la première fois en 1862, aucun meurtre aux innocents n'avait eu lieu ce jour-là. En revanche, dans la Ville de Frank Sinatra, qui était né in New Jersey, la félonie meurtrière des ignorants de la sagesse commune dépassa la raison humaine.

En un instant, malgré la bienfaisance de ce joli matin ensoleillé du dernier mois estival, juste au seuil du règne des feuilles mortes, la vie de beaucoup d'humains fut fanée, tous innocents dont la plupart faisaient leur bonheur en travaillant dans les Tours Gémelles de Manhattan, splendide et divin symbole du sommet duquel, au printemps, c'était bien beau de contempler le Soleil sortir sur l'horizon habillé d'aurore! Et que dire de la Lune quand elle apparaissait pleine et dorée!

Depuis ce mardi matin du Onze Septembre 2001, l'humanité toute entière, hélas, commença à méditer à un nouvel et véritable monde, plus édénique, égalitaire et instruit; un monde sans égoïsme ni ambition, sans haine ni mépris! Et le besoin de ce monde différent, meilleur pour tous, au moins pour la plupart de l'humanité, s'avouait urgemment nécessaire.

Un monde que la « Nouvelle Poésie » avait déjà choisi à travers le rêve d'un prince ailé, un tout joli et fabuleux papillon. Son rêve d'un monde imaginaire, plein d'arôme et de couleur, de musique, de paix, d'amour, de bonheur, de travail et de prospérité; un monde plein de liberté, de fraternité et d'égalité.

Un rêve pour un Paradis, non pas pour deux, mais pour l'humanité toute entière, la patrie commune, vaste étendue, où l'être humain aurait affronté et effacé, à travers l'intégration culturelle universelle, si nécessaire pour sa stabilité sociale et psychologique, les conduites peccamineuses stimulées dans une certaine mesure par la faim, le travail non équivalent et le chômage.

Cette intégration humaine permettrait plus efficacement la préservation de la planète pour une meilleure et continuelle évolution et sélection naturelle des espèces dites inférieures, de manière à éviter leur extinction par la dégradation écologique de la biodiversité de la planète, due, surtout, à l'insatisfaction matérielle d'une grande partie, ou plutôt de la plus grande partie de l'humanité.

De là qu'on prenne la tragédie du Onze de Septembre comme un point de repère. Effectivement, c'est un point de repère la tragédie des Gémelles new-yorkaises, les deux sœurs si minces et inséparables à jamais, dont les têtes touchaient presque le Trône du Seigneur, les deux sœurs si jolies, hautaines et gaillardes, et à la fois chaleureuses et accueillantes, admirant "la mère des exilés, fière et pieuse, avec les lèvres silencieuses, mais pleurant encore pour ceux qui venaient chercher de la lumière en Amérique, et pour lesquels elle branle toujours sa lampe.

Et qu'il soit ce point de repère vers ce monde nouveau dont l'ensemble des fleurs serait son éternel arc-en-ciel de couleurs. Cependant, on n'y fait pas allusion à un arc-en-ciel exclusive, mais à un arc-en-ciel pour tous qui a lieu quand la lumière du soleil nous vient colorée à travers les gouttes de pluie!

Un nouvel Eden, qui serait plus divin, plus humain et plus soutenable, qui nous parvient en poésie et en musique, et dont on est reconnaissant à un Papillon Rêveur. Un monde qui nous est proposé dans l'œuvre poétique à deux volumes, « Le Rêve du Prince Ailé » et que Dieu en dispose!

---

[1] Le poème « Les Villes Fanées », écrit en 1986, et qui apparaît dans le recueil de poèmes « AMEN ou l'Enfant et La Bête », publié par Les Editions Dédicaces, parle des villes bouleversées sans faire allusion explicitement aux conflits sociaux.

[2] Victor Hugo naquît en Besançon, France, le 26 Février 1802.

Dédicace

A cette nouvelle fleur
Danielle, à travers qui
Le Papillon rêveur
Honore à nos Petits

A nos petits mignons
Soumis à dur martyre
Vivant sous des démons
Des vrais méchants vampires.

A Dieu je fais appel
Au bien de nos gamins
Par la jolie Danielle
Fleur reine à nos jardins!

---

[1] On fait allusion à Danielle Nicole van Dam, une fille américaine de sept ans qui avait été enlevée et assassinée le 2 février, 2002, en Californie.

Prélude

Et vient le froid
Avec l'hiver
Couvrant l'endroit
Jadis si vert

Et c'est la nuit
Obscure et froide
Avec l'ennuie
Du temps maussade

Vers la moisson
L'humain accourt
De compagnon
Un grand amour

Le beau Muguet
Et le Monarque
Sont vus tout gais
Dans cette comarque

On voit la Rose
Et l'Orchidée
Lesquelles s'arrosent
De l'eau adorée

C'est bien la pluie
Cette eau bénite
Qui arrose aussi
La Marguerite

Ainsi est vu
L'humain barbare
Ayant perdu
Ce trait si rare

Allons ensemble
Mes chers amis
Dans ce qui semble
Le paradis

I

Durant de longs jours entiers,
Il y a peu de temps à peine,
La ville, les routes, les sentiers,
La colline, les cours d'eau, la plaine,
Se voyaient tous tus et tout blancs
Par l'ultime neige de l'hiver,
L'un des plus froids de nos temps.

Et empressé
S'endort timide
Dans son foyer
La chrysalide

Soudain, tout est si neuf, si vert,
Si jaune, si rouge et si violet,
Réveillant le Lys et la Rose,
La Marguerite et le Muguet
Qu'une fraîche bruine arrose
Par de minces gouttes perles
Qui tambourinent sur chaque pétale
En harmonisant avec les merles,
Les serins et la brise, que sétale,
Comme une nappe toute invisible,
Sur la vallée en fleur,
Une harmonie toute paisible,
Lyrique et pleine de douceur,
Tandis qu'immense radiant,
Très haut dans l'azur limpide,

Le Soleil gentil tendrement
Réchauffe la terre humide.

Et tout est danse
Dans la moisson
Où vole immense
Le Papillon

Et c'est si merveilleux notre horizon
N'étant déjà sans fleurs la chrysalide
Je quitte à tout jamais mon beau cocon
Foyer d'hiver soyeux et bien solide

Reviennent les fleurs
Et le printemps
Plein de couleur
Couvrant les champs

C'est bien la pluie
Cette eau bénite
Qui arrose aussi
Les Marguerites

Tout le paysage
Est désormais
Tout un langage
D'amour et paix

Langage de fleurs
Couronne ce lieu
De grand bonheur
Béni par Dieu

Et le prince des fleurs, le bel ailé,
Vole allègre, fier, tout plein le cœur,
Pour une à une, ses immaculées
Qui l'énivrent de douce odeur,
Les aimer mais si fortement,
Avec le plus grand et noble amour,
Qu'en tout lieu et en tout temps
Leur joie vivra toujours!

Et odorantes et coquettes,
La Rose, le Lys, la Giroflée,
Le Glaïeul et le Pied-d'alouette,
Le Jacinthe, la Primevère,
Le Chrysanthème, l'Aubépine
Et les autres, qui sur terre
N'ont aucune rivale si divine,
Sont fières d'un si bel amant,
Qui n'en est pas moins amoureux,
Lui, tendre, poète, si gentil et galant,
Le plus heureux des heureux.

Et tout est danse
Dans la vallée
Où vole immense
Le Prince ailé

Tout est amour
Sur tous les monts
Où vole toujours
Le Papillon

Est gaie son âme
Et plein son cœur
De force qui émane
Avec bonheur

Et vers le soir, lassé de sa promenade,
Le Soleil évanoui par la brume,
Cherchant, libre et nomade,
On le voit en face d'une lune
Qui sur la colline sort.

Et sans force ses ailes il ouvre
Sous une feuille où il s'endort,
Pendant que la nuit se couvre,
Pour rêver profondément
D'un paradis bel et unique,
De jolies forêts et de chants,
Où il aura sa fleur pudique:

Bien endormi,
Il vole encore
Au paradis
Multicolore

Autour de lui
On voit la flore
Qui remercie
Le Feu qui dore

Dans cette zone
S'amuse aussi
Toute une faune
Que l'homme chérit

Et dans son rêve
Il prie son Dieu
Que ne soit grève
L'amour gracieux

II

Prince ailé tu t'endors
En rêvant d'un pays
Où les gens vivent encore
Sans peine ni souci

Rêve immense ailé
Qu'allègre on vit sans peur
Où pousse immaculée
Tout parfumant la fleur

Et dans le vaste azur
Allume un grand Soleil
Qui tièdement assure
Le monde à chaque éveil

Ce monde fabuleux
Est un nouvel Eden
Dont rêve fort heureux
Le Prince avec ses reines

Qu'on laisse alors le feu
Que l'univers allume
Pour que du monde bleu
S'en aille l'amertume

Endors-toi en rêvant
Sans l'amertume humaine
Tous enrichis les champs
De pur amour pérenne

Pays imaginaire
De doux bonheur si plein
Que l'on le considère
Le Trône du Souverain

Ne pousse pas la haine
Dans ce vrai paradis
Où ça vaut bien la peine
De prolonger la vie

Vole donc heureux et rêve,
Oh, Papillon Joli,
Vole donc envers ton Eve
Soit Rose ou Belle-de-nuit

Ce monde fabuleux
Est un nouvel Eden
Dont rêve fort heureux
Le Prince avec ses reines

Qu'on laisse alors le feu
Que l'univers allume
Pour que du monde bleu
S'en aille l'amertume

Endors-toi en rêvant
Que là tout est splendide
Et laisse passer le temps
Alors que Dieu nous guide

Et dans l'immense azur
Allume le Grand Feu
Pour que demeure plus sûr
Ce monde fabuleux

Rêve donc et vole heureux
Sans nul souci ni peur
Dans ce royaume bleu
Couvert de jolies fleurs

Mais dors encore et rêve
Très bel ailé charmant
Auprès de ta belle Eve
Qui embellit nos champs!

Bien endormi,
Il vole encore
Au paradis
Multicolore

Autour de lui
On voit la flore
Qui remercie
Le Feu qui dore

Dans cette zone
S'amuse aussi
Toute une faune
Que l'homme chérit

Et dans son rêve
Il prie son Dieu
Que ne soit grève
L'amour gracieux

Vole sur la terre, oh, papillon
Pour annoncer la bonne nouvelle
Que pour la joie c'est le sillon
Des fruits trésor universel!

On y aura quand même aussi
Tout un décor couvert de fleurs
Où l'on verra grands et petits
Autour de toi, en plein bonheur

Je pris le ciel depuis toujours
Que sois la Terre plein de sillons
Où notre humain avec amour
Tiendra à l'avis du Papillon

Ce monde fabuleux
Est un nouvel Eden
Dont rêve fort heureux
Le Prince avec ses reines

Qu'on laisse alors le feu
Que l'univers allume
Pour que du monde bleu
S'en aille l'amertume

Et sous sa feuille, endormi,
Durant des heures calmes,
Rêve le Prince joli
De ce monde sans vacarmes,
Dans lequel, le bel écho
De l'étrange musique
Lui parvient tout beau
Sous un lyrisme unique:

III

Papillon rêveur
Vole alors heureux
Et embrasse ta fleur
Tout-à-fait joyeux

Quand tu es si gai
On te vénère
Qu'elle s'appelle Muguet
Ou bien Fougère

Va de champ en champ
Dès l'aurore
Où la rose t'attend
Pour t'aimer encore

Soyez fort unis
Bien qu'il pleuve
Parce que la pluie
Le sol abreuve

La terre arrosée
Est féconde
Car la pluie tombée
N'est point hécatombe

Alors au semis
C'est l'abondance
Et le Prince aillé
Chante et danse

Alors beau rêveur
Vole heureux
Et embrasse ta fleur
Tout joyeux

Bien endormi
Il vole encore
Au paradis
Multicolore

Autour de lui
On voit la flore
Qui remercie
Le Feu qui dore

Dans cette zone
S'amuse aussi
Toute une faune
Que l'homme chérit

Et dans son rêve
Il prie son Dieu
Que ne soit grève
L'amour gracieux

IV

Mais rêve bon papillon
Que tu vivras sans peur
Dans ce bel horizon
D'éclat et de couleur

Vole et rêve heureux
Dans ton bel empire
Rêve et vole heureux
En suivant la Lyre

Le rythme de la Lyre
De joie le cœur remplit
Et fait de ton empire
D'amour un paradis

Qu'on rende encore éloge
Au Père des habitants*
Qui tous ensemble logent
Dans cet Eden charmant!

Alors y rêve heureux
Au rythme de la Lyre
Avec ton vol gracieux
Et que ton cœur soupire!

V

Puisque le soleil
Au lointain se lève
Et partout réveille
La belle Joliève
Vole assez gracieux
Papillon virtuose
En rêvant joyeux
Qu'on l'appelle la Rose!

Et vole vers tous confins
Avec la bonne nouvelle
Que dans ce lieu souverain
Joliève ta fleur s'appelle

Rêve de l'amour
Et rêve de la joie
Qui poussent toujours
Dans ce bel endroit
En beau ou mauvais temps
Avec heureux le cœur
Et tout en chantant
A chacune de tes fleurs

Puisque les étoiles
Brillent au firmament
Et font magistrales
Les soirées aux champs,
Dors heureux et rêve

Papillon Joli
Qu'elle s'appelle Joliève
Rose, Violette ou Buis

Muguet ou Chrysanthème
Pavot, qui sait, Fuchsia
Cette fleur que tous en aiment
Joliève s'appelle déjà

Et endormi
Il rêve encore
Du paradis
Multicolore

Et après l'aurore
Vers le zénith
Le Soleil alors
Le champ fleurit

Et notre Papillon
Vole avec allure
En chantant le son
De la belle nature

VI

Papillon rêveur,
Vole alors heureux
Et embrasse ta fleur
Tout-à-fait joyeux

Quand tu es si gai
On te vénère
Qu'elle s'appelle Muguet
Ou bien Fougère

Va de champ en champ
Dès l'aurore
Où la rose t'attend
Pour t'aimer encore

Soyez fort unis
Bien qu'il pleuve
Parce que la pluie
Le sol abreuve

La terre arrosée
Est féconde
Car la pluie tombée
Le sol n'inonde

Alors au semis
C'est l'abondance
Et le Prince aillé
Chante et danse

VII

Mon pays imaginaire
Le plus joli du monde
La neige chute en hiver
Couvrant tout à la ronde

Pays sans nul barrage
De tous le plus joli
N'y vient jamais d'orage
Qui nuise aucun semis

La neige alors aux champs
Si pleins de vie féconde
Sans doute apporte aux gens
La joie qui tous inonde

Malgré la neige en bas
Parfume encor la fleur
Laquelle éclôt en joie
Sans perdre sa couleur

Jardin bel enchanté,
Le plus en fleur du monde
La pluie tombe empressée
Gardant la terre féconde

Jamais le ciel n'est gris
Que soit ce temps si rude
C'est un endroit rempli
D'amour à plénitude

Beau site sans frontière
De tous le plus fécond
La pluie après l'hiver
Entiers, bénit ses monts

On voit qu'elle se réveille
La pluie que l'on vénère
Souriant le roi Soleil,
Que coure encor l'hiver!

Soit-il, ou le printemps
Ou bien le triste automne
Le vert de tous les champs
Jamais ne m'abandonne

Eclore en paix on voit
Mais tant et tant de fleurs
Que ce jardin on croit
L'Eden du vrai bonheur

Soit-elle une Marguerite
Peut-être une Orchidée
Elle est ma favorite
Et ma très douce aimée

Combien je vis joyeux
Dans ce royaume d'amour
Où tant guidés par Dieu
Unis en frère accourent!

L'oiseau y vient et chante
Et l'arbre en neige égaie
Alors qu'au ciel flambante
L'étoile la vie remet

Eden sans nul barrage
De tous bien le premier
Qui même en plein orage
En paix demeure entier

Combien bon gré j'en suis
A notre immense Père
Dont tout l'amour on suit
Dans cet Eden prospère

Jadis j'étais sa proie
Maintenant je suis son frère
Et nous volons en joie
Au règne imaginaire

C'est tout à fait si beau
Avoir une vie sans peur
Encor que vole l'oiseau
Avec l'ailé des fleurs!

Plumé insectivore
Qu'avec l'ailé on voit
Attendre en paix l'aurore
Au lieu d'en faire sa proie!

Combien je suis joyeux
Qu'il ait une âme franche!
Combien cela m'émeut
Qu'il vole de branche en branche!

Jamais je n'avais vu
Des corps couverts de plumes
Rester vraiment émus
Sans peur ni amertume!

Je vois voler en charme
Tellement de beaux plumés
Que même le gendarme
Se livre à la gaieté

C'est bien l'épouvantail
Qui avant ce règne en rêve
Avec son chapeau d'paille
Vivait sans paix ni trêve

L'oiseau n'importe qui
Vers ce bon homme accourt
Sachant qu'il est l'ami
Qui a besoin d'amour

Et ce mignon Dodo
Se croit rester en rêve
Voyant unis si beaux
Le prince et sa douce Eve

Il est très beau à voir
Couvert de vieux habits
Le jour ou bien le soir
Comment il nous sourit!

Il tient assez quand même
Entendre heureux chanter
Partout sans nul problème
L'oiseau très enchanté

Douceur, amour et grâce
Fluaient de sa chanson
Faisant que rien n'agace
La paix dans ce canton

"Par-ci, par-là, je vole
Mon cœur de joie rempli!
Je sais que tous console
Le chant de mon ami

Souvent je vole avec
Dans ce royaume glorieux!
Sentir le chant du bec
M'approche encore à Dieu

Dans ce jardin qu'on vive
Avec le papillon
Où l'être humain cultive
Sa joie dans le sillon.

Merci encor une fois
Grand Cid de bleues hauteurs
Et dont l'Amour et Loi
Sont cause de tout bonheur

Encore une fois merci
Grand Cid de vertes plaines
Ornées de beaux semis
Très riches en fleurs et graines

Une fois merci encore
Des eaux variées Grand Cid
De nous humains, trésor
Puissant, bon et placide

Ma boule est si jolie
Et bleue et verte et jaune
Avec sa flore chérie
Et sa paisible faune!

Avoir confiance en vous
Nos âmes rend humaines
Et fait qu'arrive au bout
La terre encor plus saine

Le lieu dont j'ai rêvé
Est plus joli encore
Quand vient l'éclat aimé
Tout l'horizon se dore

Soit bien l'Afrique loin
Québec blanchi voire même
Le bon Soleil prend soin
De ce jardin que j'aime

Soit bien Paris jauni,
L'automne alors qui court
Ou bien ma ville en pluie
Eclôt partout l'amour

Est si jolie ma ville
Malgré ses tourds maisons
Qu'elle rend si riche mon île
Tel font ses champs si bons

Presqu'île sans pareille
La plus jolie à voir
N'y empêchent le Soleil
La brume ou le brouillard

C'est bien un bel endroit
De monts si émeraudes
Que Dieu si bon conçoit
Qu'amour pour tous y rôde

Presqu'île sans soucis
La plus belle et féconde
Que tombe ou non la pluie
Les fleurs rirent à la ronde

Dans mon canton luxueux
De joie, d'amour, de miel
Je vole assez heureux
Avec mes bras fidèles

Qu'importe la saison
Heureuse est vue ma sœur
Gérer la floraison
Tout en aimant ma fleur

Une fois déjà le jour
J'adore ma sœur abeille
Laquelle partout laboure
Et crée le miel merveille

Brébage délicieux,
Tout débordé de fer
Présent divin des cieux
Pour tous si nécessaire

L'abeille vous en apporte
Sans rien vous demander
Hélas! elle tombe morte
Osant vous en gronder

Si toutes les personnes
Désirent nous imiter
Seront tous les automnes
Plus beaux que les étés

Sera aussi l'hiver
Plus doux et plus charmant
Que la saison première
Le coloré printemps

N'hésite pas bel être
A faire tel nous faisons
Et fais bien disparaître
La faim par les sillons

Partout, pour tous, des grains
N'est plus la faim dilemme
Contrainte beaucoup moins
Guidés par le Suprême

Sans quoi mon cher lecteur
Malgré l'amour de Dieu
Et le parfum des fleurs
Enfer seraient nos lieux

Mêler l'amour il faut
Avec tout champ fertile
Pour voir le monde beau
Telle belle est vue mon Ile

Endroit que je préfère
Vraiment le plus fécond
Qu'y encore courant l'hiver
On voit verdir les monts

Et tant de monts verdis
Et les jardins en fleurs
Avec l'ailé joli
Tout peignent de couleur

On voit chanter partout
De bien naïfs criquets
Avec des chants si doux
Qu'on prend Janvier pour Mai

Et c'est si beau à voir
Comment tous ces criquets
Ne perdent pas l'espoir
De vivre tous en paix

Et j'aimerais encore
Sentir sourire les gens
Sous le Soleil qui dore
La ville et tous les champs

Ils resteront tout près
De mes divines fleurs
Jouissant de notre paix
D'amour comblé le cœur

Et jardinier aucun
N'infligera malheur
Etant un bon chrétien
A quelle que soit la fleur

Et s'il y en a qui vendent
Mon cœur alors sans foi
Sera sans doute une lande
Mon grand jardin sans joie

Rêvons du beau domaine
Des fleurs et du parfum
Où l'on vivra sans haine
Sans guerre et sans chagrin

Qu'on rêve des forêts
Où même aucun crapaud
Ne tient nullement manger
L'ailé petit et beau

Non plus ne pensent point
Lézards et ni grenouilles
Manger, malgré l'instinct
L'ailé vivant sans brouille

Et fleurs et papillons
Sous le Soleil qui luit
S'embrassent par millions
Sans peur ni jalousie

Vers notre fête pure
Bâtie sous le travail
Qui sauve la nature
Il faut que l'on s'en aille

Comptez sur le Suprême
Ne vous en faites point
Le jour de joie extrême
N'est plus déjà si loin

A Dieu je suis bon gré
D'avoir créé mon âme
De Rose et d'Azalée
Et pas un cœur infâme

Bénit que soit mon Dieu
Par tant d'amour qu'Il prône
Pour moi, pour vous, Monsieur
Depuis partout son trône

Bénite encor la fleur
Ma plus jolie fortune
Qui embaume l'âme d'odeur
Et pare le clair de lune

J'embrasse là ma Rose
M'y embrasse encore le Gui
Où nul humain n'en ose
Briser le lieu chéri

L'éclat de la corolle
Des fins pétales soyeux
Attire tout beau mon vol
Vers ces corps merveilleux

Mes ailes s'en voient sépales
Comme un calice divin
Qui dans ces doux pétales
Me cachent jusqu'au matin

Mon cœur bondit de joie
Dans ma fragile poitrine
Ayant parmi mes bras
Ma si jolie divine

Caché dedans ce nid
Mon cœur heureux s'enchante
Dehors alors la nuit
Où vole l'oiseau et chante

Au clair de lune on fait
Un bal comblé d'amour
Où l'être est satisfait
Jusqu'aux couleurs du jour

Alors le jour revient
Chargé de sa lumière
Pour tous et pour l'humain,
Sans maître et sans frontière

La gloire et la tendresse
Y sont très enchantées
Depuis l'aurore sans presse
Jusqu'à la nuit tombée

Alors déjà la nuit
Le ciel couvert d'étoiles
L'humain se voit séduit
Par tant de chants et bals

Et c'est fort émouvant
La paix qui tous console
Ces feux qu'on voit dansant
Ce sont des flammeroles

C'est beau, ces feux follets
Qui dansent au-dessus mes filles
Ce sont de doux Muguets
Des Roses et des Jonquilles

Je crois rester plongé
Dans l'Ile ouverte au rêve
Où même une Giroflée
Sera toujours mon Eve

J'en suis son bel Adam
Elle est ma tendre femme
J'y suis heureux vraiment
Qu'elle ait ravi mon âme

Combien de paix et gloire
D'amour et de tendresse
Ensemble arrosent le soir
Le Prince et sa Princesse

L'humain, l'ailé, la fleur
L'oiseau, le feu follet
Ils dansent avec bonheur
Au gré d'un vent de paix

Combien nous sommes ravis
Par tant de tant de choses
Que Dieu nous a bâties
Comme un royaume de roses!

Royaume tout enchanté
Sera pour lui ce monde
Couvert de fleurs plantées
Avec amour profonde

Ce monde plein de blés
Soyas et haricots
De riz et graminées
Sera encore plus beau

Sera plus bel encor
De bons maïz semés
Qui font des chants vert d'or
Un coffre à tous sacré

Et l'homme vivra heureux
Autour duquel on sait
Briller du ciel le feu
Avec dans l'air la paix

Dans cet endroit si vert
Violet, rouge et marron
La femme chante en vers
Avec son compagnon

Jusqu'au joli couchant
Depuis tôt tous les jours
Ensemble ils sont aux champs
Unis par pur amour

Le blé on y ramasse
Le choux ou la létue
Nulle part il n'y a d'hélas
Nos sacs de grains pourvus

La femme avec son homme
Heureuse y tient sa vie
La faim jamais n'assomme
La terre offrant profit

Profit pour l'être humain
Et pour les inférieurs
Suivant du souverain
Sa Loi sous le labeur

Si bleu cet univers
Est un foyer de paix
Où même en plein hiver
La joie demeure un fait!

Combien est si doré
La lune avant l'aurore
Dans ce site adoré
Avec sa faune et flore!

La pluie les champs arrose
Que soit la brise gelée
Où les Jasmins et Roses
Parfument heureux le blé

Du ciel nous vient cette eau
Vêtue de perles fines
Quand elles caressent la peau
Nous sont-elles plus divines

Parfois la neige arrive
Remplie de vent et froid
Mais reste forte et vive
La fleur sans nul effroi!

Que c'est joli à voir
Tellement de fins flocons
Tomber tout beau le soir
Sans nuire pourtant les monts!

Ecoute bien, Monsieur,
N'abrite donc nulle crainte
La pluie tombant des cieux
N'en est jamais contrainte

Vraiment c'est très mignon
Savoir la fleur éclore
La pluie rendue flocon
Ne nuit jamais la flore

Qu'il fasse ou jour ou nuit,
Qu'il coure un froid hiver
Nul temps jamais ne nuit
L'Eden imaginaire!

Et pour rouvrir les yeux
Et voir en harmonie
Enfants et jeunes et vieux
Il faut aimer la vie

Rouverts alors les yeux
La vie serait parfaite
Si nous gardions nos lieux
Tout verts dans la planète

Les yeux gardés rouverts
Plus pure verraient la vie
Car nous aurions les mers
Limpides et sans débris

Et bien pour achever
Je tiens prier tout frère
Sans peur qu'il vienne rêver
Dans notre Eden sans guerre

C'est un mirage réel
Ce paradis commun
Où l'homme, heureux mortel
Vit sans aucun chagrin

La terre imaginaire
La plus jolie connue
Puisqu'il pleut en hiver
Il n'y a nulle fleur perdue

Ce règne est simplement
De Dieu une œuvre d'art
Où l'on vit en chantant
Le cœur comblé d'espoir!

VIII

Et ainsi, le lendemain,
Après l'aube, à l'aurore,
Lorsque le Soleil hautain,
Sur les monts se peint en or,
Majestueusement se réveille
Le Prince aillé et s’envole;
Et sous ce rêve qui l'émerveille
Et par leur parfum qui le console
Vers ses luxuriantes fleurs,
Coquettes infiniment,
D'amour inondé le cœur,
L'âme épanouie, il se rend.

On le sait au pays de la joie,
Où l'amour se tient réciproque,
Où tous comme lui, se sentent rois,
Le mal n'y ayant plus d'époque!

Il est libre et sans souci,
Heureux d'avoir trouvé
Même en rêve, son monde joli
Par tant de fleurs couronné.

Il vole et vole, le papillon,
En chantant de sa voix unique,
Le chant de son jardin magique:
Dont l'écho se perd à l'horizon,

IX

L'aveu d'une Fleur

Je te vois si content
Mon petit prince ailé
Que mon cœur bat ardent
Car tu es son aimé

Reste bien près de moi
Et prolonge ma vie
Car tu m'es telle la joie
Que m'apporte la pluie
Bénédiction de foi

Que s'approche l'hiver
Je n'ai plus peur déjà
Ton amour me vénère
Et me tient en éclat

T'éloignant, cher amour
Ma couleur est fanée
Je t'implore, viens, accours
Et laisse-moi t'aimer
Maintenant et toujours

Quand tu étais chrysalide
T'abritait ton cocon
Tu ne sois pas « fleuricide »
Tels le sont les flocons

Quand tu m'embrasses si fort
Pour moi tout est radiant
La chaleur de ton corps
D'emblée arrête le temps
Jusqu'à jamais encore

Que seront, dis, sans toi
Chaque une de mes sœurs
Soit-il Rose ou Dahlia
Ou bien toute autre fleur

Je partage ta chaleur
Dedans ce bel endroit
Laisse voler mon odeur
Jusqu'à ce que tout en moi
Vive à jamais en bonheur

Réponse

N'en souffre pas chérie
Dans cet Eden prospère
Nulle fleur n'est point flétrie
Voire même en temps sévère

On y est si content
Dans cette comarque en fleur
Que soit mauvais le temps
Tous vivent en grand bonheur

Les arbres sont grands et verts
Et sains les animaux
Alors que notre terre
Est cure pour tous les maux

Je crois l'avoir bien dit
A tous les gens du monde
Qu'il faut rester unis
Pour voir la terre féconde

Sans quoi tout est perdu
Et rien n'est donc fertile
Et l'on ne verra plus
Les doigts jadis utiles

Ses Dix toujours adroits
A la harpe et la guitare
Ses nains qui sont les doigts
Géants qui font l'histoire

Il faut en voir l'amour
La force qui bouge la vie
Tel l'est pour chaque jour
Le grand soleil qui luit!

X

Révélation *(conga)*

Je viens d'avoir un rêve
Le plus joli vraiment
La fleur était mon Eve
Et moi, son bel Adam

Vivaient loin des vacarmes
Les gens dans les sillons
Où fort s'aimaient sans larmes
La fleur, le papillon

Nous y chantions toujours
Tant rien ne nous gênait
Partout poussant l'amour
Poussant partout la paix

Tantôt c'était le Ciel
Qui arrosait les champs
Ou le Soleil fidèle
Qui réchauffait les gens

Et si c'était la neige
Couvrant tous les jardins
Chaque fleur, rêvais-je
Gardait son doux parfum

Je vous invite amis
De bien venir et voir
Comment la fleur jaillit
En aspergeant l'espoir

Et elle radiait sans peur
Dans mon jardin charmant
Où tout était clameur
De joie, amour et chant

Venez vivre avec elle
Du fait que son parfum
Est bien ce qui rend plus belle
La vie de l'être humain

Ne la laisser jaunir
Aimez-la donc plutôt
Etant un saint désir
Du Grand Divin du Haut

Alors pour achever,
Je prie le Très Haut fort
De me laisser rêver
Du monde bel encore

Je sais qu'il nous entend
Avec son cœur ouvert
Quand nous gardons les champs
Avec les arbres verts

Humains Dieu nous a faits
Avec talent à preuve
Pour garantir la paix
Car tous unis tout peuvent!

La vie sera meilleure
Si on voit les gens unis
Tel paradis de fleurs
Le monde est plus joli

Partout les Papillons
Volant on va les voir
Alors tous les sillons
Remplis du bon espoir

C'était une lutte énorme
Qui a fait souffrir les gens
Lorsqu'on était conforme
D'avoir sans fruits les champs

A la calamité
Conforme était alors
L'humain dans la cité
Voire même à la mort

XI

Le papillon salue
Les dignes dieux mortels
Leurs mains avec vertu
Faisant la vie plus belle

Mon pays imaginaire
Est l'un des plus féconds
La vie sort de la terre
Par les paysans si bons

Et voir tant de paysans
Bien tous en paix s'unir
Et faire l'amour aux champs
Me fait le cœur bondir

Depuis tôt chaque jour
Après le saint bouillon,
Tout plein le cœur d'amour
Ils creusent les sillons

On les vénère partout
Au mont ou à la plaine
Les champs couverts de tout
Et nos maisons sans peine

XII

L'ailé et le maçon
Ensemble admirent l'aurore
Si l'un fait la maison
L'ailé les champs décore

L'oiseau s'en va au nid
Que seul l'oiseau tricote
L'humain sage à l'abri
Qu'il sait de droit sa grotte

Il est bon gré aux hommes
Sachant faire sa maison
Le monde entier les nomme
Les bons amis maçons

La nuit à peine couchée
Ils vont sans mots dehors
Après avoir goûté
Le bon bouillon d'aurore

Café l'appelle le noir
Le blanc l'appelle ainsi
Après « leur jusqu'au soir »
Ils partent tels fourmis

Le casque blanc en tête,
Les mains d'outils chargés,
On croit qu'ils vont en fête,
Qu'ils vont au bal masqué

Ils font la belle maison
Comme un château de verre
Ce sont les bons maçons
Nos vrais amis sinsères

Bâties avec des larmes
La ville est un bijou
Ils soignent bien leurs armes
Pour parvenir au bout

Le bois que bien martèle
Sans haine le marteau
Est pris pour une dentelle
Tressée envers le haut

Plus tard c'est la magie
Quand vient en bas ce masque
La pièce qu'on a bâtie
C'est la maison fantasque

Merci nos bons poètes
Par tant de belles maisons
Sans vous n'est point chouette
La ville à chaque canton

Et tout autour on voit
Tel un génial danseur
Le papillon en joie
Dansant avec sa fleur

XIII

L'imaginaire endroit
Est bien le plus utile
Sa mer étant leur voie
Qui garantit la ville

Et grâce à ces pêcheurs
On trouve à nos foyers
La paix et le bonheur
Venant par leurs voiliers

La nuit bien de bonne heure
Après le saint bouillon
D'amour rempli le cœur
Ils trichent les poissons

Depuis la nuit limpide
Et jusqu'au jour doré
Combien bel intrépide
Est-il sur l'eau aimée!

Pêchant avec entrain
En mer en fleuve ou en lac
S'en va pour sûr la faim
De vie tout plein leur sac

Béni soit le pêcheur
Par qui se tient la vie
Sans larme ni douleur
Je dis sans pénurie

Mon pays imaginaire
Le plus fécond entier
La vie sort de la terre
Par l'art du bon fermier

Depuis tôt chaque jour
Après le saint bouillon
Le cœur comblé d'amour
Ils creusent le sillon

Durant le Feu qui brûle
De l'aube jusqu'à la nuit
Nous le trouvons hercule
Dansant dans les semis

Bénis soit le paysan
Par qui la vie s'écoule
Tout en creusant les champs
Leurs mains fourrées d'ampoules!

Aimons les dieux d'écailles
Aimons les dieux verdis
Sous leur chapeau de pailles
Elargissant la vie!

XIV

Contrée imaginaire
Déjà la plus jolie
Bourgeois et prolétaires
S'embrassent très amis

L'espèce et le travail
Aussi s'embrassent en frère
Jamais où l'homme en aille
Il n'y a plus de misère

La fleur et son chéri
Heureux s'embrassent et dansent
Ils savent qu'en tel pays
L'amour est à outrance

L'amour s'y voit déjà
Un sentiment de gloire
Le pauvre et le bourgeois
S'en voient au même miroir

La faim n'y existe plus
N'y existe plus la haine
L'amour nous est venu
Pour y effacer la peine

C'est un royaume magique
De neige soleil et pluie
Oasis d'espoir unique
Où tous sont sans souci

Depuis les premiers ans
Nous ont montré les fleurs
Qu'on peut aimer tout temps
Malgré tant de couleurs

Et tout autour on voit
Tel un génial danseur
Le papillon en joie
Qui danse avec sa fleur

Que l'un ait un million
Qu'il soit d'un héritage
Tout autre en des sillons
N'en perd jamais courage

Bourgois et prolétaires
Vivront donc tous heureux
Au monde imaginaire
La faim existe peu.

Le riche et sa fortune
Seront bien égalés
Il n'y a disette aucune
Par tant de champs semés

XV

Avant de continuer
J'implore chaque frère
Qu'il vienne nous aider
Pour préserver la Terre

L'humain n'est plus sadique
Sous tant d'amour profond
C'en est plutôt typique
Qu'il soit vraiment si bon

S'il aime trop les bêtes
Autant il aime la vie
Pour faire avec leur têtes
Sanctuaire de joie la nuit

Les porcs et les moutons
Ne prennent pas les hommes
Pour simples furibonds
Ou fauve qui en consomment

Les sains produits de mer
Et ceux venant du sol
Suffisent pour que la guerre
N'y tienne pas son rôle

J'en remercie alors
Tous ces chasseurs sur l'eau
Semant contre la mort
Et contre tout fléau

Encor j'en remercie
Tous les paysans honnêtes
Qui vivent en insomnie
Depuis très belle lurette

En apportant des fruits
Du sol ou de la mer
Ils rendent notre vie
Plus riche et plus prospère

Ils goûtent bien aux fêtes
A table ensemble assis
Qui sauf de nos bêtes
Elle est de tout garnie

Et ceux qui aiment soigner
La bête avant sa mort
Sont bien à peine aimés
Au monde plein d'aurore

Et tous les animaux
Donc y compris les hommes
Avec les bêtes des eaux
C'est bien pour qu'ils consomment

XVI

Je suis bon migrateur
Qui vole dans tous les lieux
Montrant que le bonheur
Eclôt sous tous les cieux

L'humain toujours j'enseigne
D'un droit qu'il faut garder
La condition humaine
D'à tout endroit aller

Jésus est un symbole
De ce commandement:
Depuis très loin j'y vole
Sans nul encombrement

Depuis Jérusalem
Partout Son âme on voit
Montrant à tous qu'Il aime
Sentir les gens en joie

La joie d'aller sans peur
Au lieu que l'on choisit
Pour voir comment ma fleur
Eclôt sans nul souci

Jadis ma fleur souffrait
Vivant sous la torture
D'avoir une courte paix
Pourtant la Loi nature

L'humain souffrait le même
Voyant courir sa vie
Chargée de lourds dilemmes
Chargée de lourds soucis

Au lieu où je suis né
La joie n'existe guère
L'humain, la fleur, l'ailé
Vivant sous la misère

Quand l'homme est en famine
N'aura-t-il point d'envie
Malgré la Loi divine
D'y avoir une belle amie

Il vit tel un sauvage
Dans l'univers humain
Rompant tout l'entourage
Qu'un jour fit le Divin

Soit-on ou blanc ou noir
Ou d'eux le bon produit
Du ciel on a le phare
Du grand Soleil qui luit

Au ciel immense il brille
Tout en offrant son feu
Pour l'homme et sa famille
Si bon et généreux

Ecoute le conseil
Donné par ce poème
Au ciel vit le Soleil
Dont la lumière nous aime

La condition humaine
De vivre ensemble en joie
Ne peut causer nulle peine
Suivant du Ciel la Loi

Combien bon gré j'en suis
A notre immense Père
Dont tout l'amour on suit
Dans cet Eden prospère

On vit dans la campagne
Tel vit un vrai bourgeois
Buvant du bon champagne
Tels font les villageois

Partout il y a du travail
Qui la misère éloigne
Et fait que ne s'en aille
L'amour qui l'âme soigne

XVII

La Lyre enchantée ou l'hymne de la Nature

Fais-lui éloge avec....... La lyre

Psaume 150 :3*

Si mélodieux trésor
Du temps du brave Orphée
Et dont le beau folklore
Rappelle une épopée.

Ancien bijou magique
Qui l'habitat ravit
Par sa douceur lyrique
Et sa figure inouïe

C'est un cadeau des cieux
Pour apaiser l'Eden
Dont on verra les lieux
De tout fléau indemnes

Bel instrument à corde
Et d'un bizarre dessin
Le son duquel accorde
La paix à l'être humain

Le fauve s'adoucit,
Le mont se pare et danse
Alors que d'harmonie
Se couvre entière l'ambiance

Au rythme de la lyre
L'amour et la vertu
Parmi les hommes rirent
Etant la faim perdue

Le monde hors de haine
Vit sans regret l'humain
S'il a du sol la graine
Qui rend l'Eden plus sain

De là, mon cher sujet,
D'avoir la terre féconde
Et pleins de fruits tout frais
Les arbres dans le monde

Qu'il soit un beau pommier
Aux fruits alors juteux
Ou bien un grand manguier
Aux fruits très délicieux

Le rythme de la lyre
De joie le cœur remplit
Et fait de notre empire
D'amour un paradis

Par là, bon citoyen
Qu'heureux je vous en chante
Depuis mon beau jardin
Où mon Glaïeul enchante

Et vous enchante encore
Le bel exubérant
Et parfumé Astor
Courant le bon printemps

Au bois imaginaire,
On trouve encor le Buis
Qui tous nous exubère.
Voire même avant la pluie

Du ciel est un souhait
La terre entière féconde
Et pleins de fruits tout frais
Les arbres à la ronde

Et même en temps d'automne
Le sol couvert de feuilles
Au bois plus rien n'étonne
Où l'arbre en tient l'orgueil

L'orgueil d'avoir tout vert
Son beau feuillage touffu
Que coure encor l'hiver
Dont les couleurs il tue!

Faisant un bal leur chute
Ses filles en tombent en paix;
Sitôt après qu'il mute
Couvert de feuilles il est

Aux sols, jaunies des feuilles
Bien d'autres verdies aux troncs
On garde avec orgueil
Ce grand symbole des monts

N'en perd nul champ verdeur
Malgré l'automne gris
Où il n'y aura qui meure
Aucun Muguet fleurie

L'impitoyable vent
N'y vient jamais nous nuire,
Lorsqu'on regarde aux champs
Les beaux Muguets reluire

Ce vent tout beau caresse
Leur fins pétales soyeux
Tandis qu'au ciel s'empresse
Le bel ailé joyeux

Il vient danser autour
De ces jolis Muguets,
Son cœur tout plein d'amour
Son âme pleine et gaie

Et la vallée blanchie
De ces soyeux pétales
Nous fait tel paradis
Ce beau royaume d'étoiles

La fleur et son parfum
L'esprit de l'homme apaise
Et rend la Terre jardin
Où l'homme est bien à l'aise

Au règne imaginaire
On soigne encor le Blé
Le Lys et la Fougère
La Rose et l'Oranger

L'ensemble de couleurs
Trouvé dans notre bois
Nous fait tenir la fleur
Le signe qui flamboie

Après la fraîche pluie
Dehors l'immense Etoile
Un beau standard reluit
Comme une sainte toile

C'est bien un arc-en-ciel
Vraiment très coloré
Symbole universel
De tous si adoré

Sauvant notre habitat
On garde ses couleurs
Notre drapeau sera
Son arc-en-ciel de fleurs

Et ce trésor au sol
Qu'exubérant on voit
Nous offre un beau symbole
Qui sous le vent ondoie

Et quel que soit le vent
Les doux pétales ondulent
Ou quel que soit le temps
De l'aube au crépuscule

Or, même sans la pluie
Brillant la Grande Etoile
Ce beau standard reluit
Comme une immense toile

C'est là, notre arc-en-ciel
Vraiment bien coloré
Symbole universel
De tous si adoré

Le Créateur de tout
Nous offre ce symbole
Avec la lyre qui joue
Au chant des Rossignols

Symbole d'Iris et Roses
Violettes, Héliantes et Guis,
Qui dans les champs reposent
Chantant les Colibris

Symbole de Chrysanthèmes
Dahlias, Glaïeuls et Blés
Et dont l'esprit se sème
Partout dans les vallées

Lilas et Géraniums
Œillets et Orchidées
Symboles dont nul des hommes
N’en trouve nulle fanée

Combien mon cœur d'ailé
Bondit de joie toujours
Quand je me sens aimé
Dans cet endroit d’amour

Sauvant son habitat,
On garde ses couleurs
Notre drapeau sera
Son arc-en-ciel de fleurs

Et sous la lyre amie
De fleur en fleur je vole
Tout en jouissant ravis
De ce charmant symbole

L'écho de notre lyre
Parcourt les champs voisins
Où faune ou flore soupire
Sachant leur joie qui vient

XVIII

Courant l'été si fort
Ou bien l'hiver très froid
Depuis la belle aurore
Du sol la paix accroît

La sainte mère nature
A l'homme donne tout
A moins que son allure
Jamais n'y soit de loup

Vers elle une bonne conduite
Est quelque chose de bon
Pour garantir la suite
De notre Création

Au rythme de la lyre
La belle nature sourit
Ne permettant le pire
La joie ne s'évanouit

Ecoute bien, mon frère
De ton pareil l'aveu
Pour tous dans l'univers
Allume le Grand Feu

Avec la Lyre ancienne
Et le Soleil brillant
On voit germer la graine
Dans tous nos jolis champs

Le rythme de la lyre
De joie le cœur remplit
Et fait de notre empire
D'amour un paradis

Et la vallée blanchie
Par des soyeux pétales
Nous rend ce paradis
Un beau royaume d'étoiles

N'est-ce pas qu'il est joli
Ce bel endroit qu'on aime?
Dans tous les beaux semis
L'humain est vu qui sème

Il sème les haricots
Avec des pommes de terre
Depuis vraiment si tôt
Pour prévenir la guerre

La faim est bien l'élan
Qui fait les armes naître
Remplis des grains les champs
On fait la paix apparaître

XIX

Pendant mon vol lyrique
Je sens partout la joie
Dans mon jardin magique
Les animaux sont rois

La flore en vit sans peine
Dans cet Eden fleuri
Où voient la fleur une reine
Les grands et les petits

Et sous la lyre aimée
Au vol extraordinaire
De notre prince ailé
On sauve l'Univers

Sauvé notre habitat
On garde ses couleurs
Dont le standard sera
Son arc-en-ciel de fleurs

Mais là notre arc-en-ciel
N'est pas privilégié
Etant universel
Depuis son jour premier

XX

La lyre les champs irise
Sous le Soleil radiant
La lyre égaie la brise
Depuis le jour naissant

Cette atmosphère de joie
Que tant de fleurs décorent
Nous offre un lieu de foi
De monts multicolores

La lyre avec son chant
Y fait danser les fleurs
Autour du beau charmant
Qui jouit d'un grand bonheur

Autour du Prince des bois
Les fleurs en carrousel
Très colorées on voit
Vraiment tel arc-en-ciel

Combien la lyre enchante
Sans le printemps les bois
Où tout le monde chante
Avec les fleurs en joie

Quand Dieu créa la vie
Il fit tout similaire
Le premier paradis
Au règne imaginaire

Et tout allègre on voit
Lorsque le jour affleure
Dedans l'immense bois
L'ailé aimant ses fleurs

Les fleurs l'y aiment encore
Sachant qu'elles sont à lui
Depuis la belle aurore
Et jusqu'à l'infini

Vole et rêve heureux
Papillon Joli
Vole et rêve heureux
Sans souci ne peur

Lorsque que le soleil
Sort par l'horizon
On voit que se réveille
Les fleurs dans les sillons

Et tout est si joyeux
Dedans notre comarque
Qu'on sait vraiment heureux
Le Papillon Monarque

XXI

Au règne des couleurs
Lorsque la lyre s'entend
L'ailé auprès des fleurs
Se voit très très content

Par des couleurs partout
Tout être humain alors
Arrivera au bout
Sans craindre trop sa mort

Mourir étant commun
Gardons garni de Roses
D'Iris et de Jasmins
L'Eden que Dieu propose

Sauvant notre habitat
On garde ces couleurs
Un grand Eden sera
Notre univers de fleurs

L'ensemble de couleurs
Enchante encore l'humain
Car l'arc-en-ciel de fleurs
Irise tous ses matins

L'ensemble de nos fleurs
Enivre l'air complet
Immense oasis d'odeur
Qui plonge l'âme en paix

Et ces couleurs ensemble
Qui adornent tous nos champs
Y font que tout nous semble
Le paradis des gens

Pourquoi étant l'humain
Celui qui parle et pense
Depuis tôt le matin
Il n'y a nulle abondance

Et s'il n'est plus barbare
Autant que l'autrefois
Pourquoi est-il bizarre
Que l'homme n'ait plus d'espoir

Si c'est une seule planète
Que Dieu nous a crée
C'est mieux avoir la fête
Au lieu de nous tuer

XXII

Au rythme de la Lyra
L'insecte épris des fleurs
Avec les hommes va
En arrosant candeur

La fleur par son parfum
L'esprit de l'homme cure
Rendant la Terre jardin
Trésor de la Nature.

Par là, quand elle bourgeonne
Le Prince auprès des gens
Et sous la lyre qui sonne
On danse dans les champs

Pour nous, c'est un symbole
Les monts bien colorés
Par tant de fleurs au sol
Sous le Soleil doré

La haine et le mensonge
Font place à la vertu
L'endroit que Dieu nous songe
N'est point l'Eden Perdu

Les fleurs deviennent de droit
Telle eau du sol qui sourd
Fontaine aimée du bois
D'où sort du bel amour

Amour qui est parfum,
Esprit qui nous console
La fleur est pour l'humain
Partie de son symbole

Symbole encor nous est
La Lyre faisant qui danse
Sous un beau son de paix
Cet univers immense

XXIII

A l'heure du crépuscule
Aux champs le Prince heureux
Les fleurs ensemble ondulent
Vers l'horizon en feu

L'écho de notre Lyre
Parcourt les champs voisins
Où faune et flore soupirent
Sachant leur joie qui vient

Ailleurs le Feu immense
L'Eden pas moins si beau
Dans ce paysage danse
Un chœur de fins oiseaux

Derrière l'Etoile, ils volent
Pour découvrir l'éclat
Des fleurs, un grand symbole!
Qui poussent en autres bois

Ce chœur des hirondelles
Volant vers d'autres lieux
Réjouit de l'arc-en-ciel
De plus en plus radieux

C'est bien l'iris des fleurs
Qui ondoient sous le Soleil
Et dont la douce odeur
Les papillons éveille

Combien la Lyre enchante
Qu'importe la saison
La Lune assez charmante
Qui sort sur l'horizon

Et loin l'amante sphère
L'Eden entier ravit
Dans le royaume lunaire
S'égaie le Colibri

Combien la Lyre enchante
Les champs avec les monts
Où tout le monde chante
De si jolies chansons

Symboles encor nous est
La Lyre qui fait qui danse
Sous un doux son de paix
Notre univers immense

XXIV

Heureux de fleur en fleur
S'envole le Prince ailé
Heureux de fleur en fleur
Profondément aimé

Embrasse ta Rose jolie
Qui la campagne embaume
De son odeur bénie
Qui efface nos fantômes

C'est un fantôme alors
Quand on n'a plus l'envie
De faire depuis l'aurore
Trésors dans les semis

C'est un fantôme quand même
Chercher fortune aux champs
Si les humains ne sèment
Ce qui les font géants

Heureux de fleur en fleur
S'envole le Prince ailé
Heureux de fleur en fleur
Profondément aimé

XXV

Vole et rêve heureux
Sans peur ni souci
Dans ce monde bleu
Plein de fleurs jolies.

Et de jour en jour
Vole l 'insecte roi
Mû par un amour
Qui en lui accroît

Il est si ravi
D'avoir l'âme ouverte
Et voir ses jolies
Parmi les feuilles vertes

XXVI

On voit éclore les fleurs
Eprises du Papillon
Volant tout de bonne heure
Au-dessus de beaux sillons

Aimé de ses jolies
Heureux on sait qu'il vole
Cherchant l'écho inouï
Du chant des Rossignols

Ces Rossignols qui donnent
Un si joli doux chant
Nous font plus beau l'automne
Et chaque hiver charmant

Ces beaux oiseaux chanteurs
Est un de bons cadeaux
Offert par le Seigneur
Depuis son trône du Haut

Quand on entend chanter
Ces anges pleins d'espoir
On croit les champs plongés
Dans un Eden de gloire

Je viens d'un lieu si riche
En mélodie et chants
Que même encore l'Autriche
N'amuse tant ses champs

La ville jolie de Vienne
Depuis des temps anciens
Demeure fort riche et pleine
Des sages musiciens

N'a-t-on appris jamais
Du talentueux Mozart
Dont la musique égaie
Petits, jeunes et vieillards

Mais dans nos champs fleuris
Une assonance superbe
D'Orphée et son génie
Plus verte rend notre herbe

Aussi l'humain consomme
Avec son cœur heureux
Du sucre, un si bon rhum
Qui met son corps en feu

Pendant d'autre moisson
Du blé ou de l'avoine
L'humain en compagnon
N'attend point qu'elle se fane

Une fois finie la tâche
Au champ couvert de blé
Le rhum la gorge relâche
S'il vient du sucre aimé

Cette herbe à sucre apporte
Douceur et de l'emploi
A l'homme de la sorte
Vivant sans désarroi

Si de ce que j'annonce
Personne ne croit un mot
Aux droits qu'on ne renonce
De visiter Cléo

Depuis le premier jour
L'humain a fait exploit
Basé sur bon amour
Travail, respect et foi

L'exploit d'avoir suivi
Le saint projet suprême
De bien garder ravi
Un monde sans dilemme

Par le travail honnête
L'humain se tient heureux
Sans tâches la planète
Avec si beaux ses cieux

Jamais nul cauchemar
Ne vient le déranger
En festival, le soir
Le jour, en pleine corvée

Dans la récolte aux grains
Soit blé ou arachide
Se voit heureux l'humain
Et sa pensée limpide

Avant des noirs esclaves
Des serfs après qu'ils soient
Ni chaînes, ni impôts n'entravent
Que les humains soient rois

Bourgeois et prolétaires
La liberté fait fruits
Si nous gardons la terre
De paix un paradis

Plutôt l'empire du grain
Qui à tous bonheur procure
Et empêche l'être humain
De vivre en dictature

Je viens de voir encore
Danser heureux les gens
Qui avant la belle aurore
Ensemble vont au champ

On en revient le soir
Les mains d'amour remplies
Etant désir pouvoir
On danse alors la nuit

On danse, mange et boit
Heureux que l'on termine
De ramasser les pois
Qui crèvent la famine

Par là, on vous invite
Amis de tous confins
D'en faire autant, mais vite
Pour enterrer la faim

On creuse fier la terre
Pour y semer la joie
Chez nous n'est plus misère
Car tout l'humain conçoit

On mange, boit et danse
Mais grâce à la corvée
Qui apporte l'abondance
Et fait les gens aimer

Et fier on creuse les champs
Pour garantir bonheur
Assez pour tous les gens
Les papillons, les fleurs

Elles dansent heureuses partout
Sachant que nulle personne
N'est plus déjà un loup
Qui l'habitat assomme

On est plutôt cet être
Qui soigne l'habitat
Et laisse le bien-être
Pousser sans désarroi

Quand notre terre est riche
Tel un trésor de grains
Le champ est un fétiche
D'où loue le ciel l'humain

Et l'homme aura le temps
De dorloter les fleurs
Pour être un saint présent
D'où vient la bonne odeur

Fut Dieu plutôt poète
Tout en créant du Haut
La Rose et la Violette
l'Iris et le Pavot

Le Buis et l'Immortelle
L'Arum et le Jasmin
Qui font la vie plus belle
Si l'on détruit la faim

On loue ce ver disant
Que tout l'amour se meurt
Si sont gardés les champs
Sans blé, ni riz ni fleurs

Bénis soit l'Eternel
Qui avec amour sacré
Nous offre un arc-en-ciel
Des fleurs si adorées

Dans l'univers entier
N'existe encore un monde
Toujours si printanier
De terres assez fécondes.

Et l'air que l'on respire
Est pur et bien très sain;
Au son de notre Lyre
N'est plus vorace l'humain

Le son de lyre nous dit
Que labourant la terre
Avec sa mélodie
S'éface la misère

Malgré notre culture
La pénurie nous fait
Rongeurs de la nature
Rongeurs de ses forêts

Gardons fort l'énergie
Pour faire germer des sols
Le bien qui notre vie
Protège et nous console

Et quel que soit le lieu
Et quelle que soit la terre
Si l'on travaille, Monsieur
Le champ prévient la guerre

Qu'il soit couvert, au moins
De blé pour la farine
Qui garantit le pain
La plus moins chère médecine

Soulage le pire des maux
Ce blé qui se déguise
En pain ou en gâteau
Qu'on prend selon sa guise

N'est pas le blé alors
De tous les grains qu'on a
Du nourrissant trésor
Le magnanime roi!

Et un coup de bourgogne
Avec du saucisson
Meilleure fait la besogne
Dans l'adorée moisson

On boit le vin rougi
Depuis la belle lurette
Où l'homme est sans souci
Vivant sans la disette

N'est rien de bon, Madame
Ce saucisson sans pain
De là que l'on réclame
Du blé, le roi, son grain

Crevons la faim maudite
Curable maladie
Qui rompt notre conduite
Et notre paradis

Les mains sur la moisson
Faisant alors leur danse
Rendront le fin sillon
Une source d'espérance

Ne crains le temps qu'on use
A faire la dure corvée
On danse et on s'amuse
Quand tâche est terminée

XXVII

Le Livre Roi enseigne
Que vient du bon raisin
Du sang de notre Règne
Dedans un Corps Divin

Enseigne encor ce livre
Que chair devient le blé
Le Corps que Dieu nous livre
En est mélange aimé

Que soit le pain tout vieux
Et même encor très dur
On le rapporte à Dieu
D'après les Ecritures

Honneur au blé en poudre
Que l'on transforme en pain
Qui même en temps de foudre
Accourt sauver l'humain

Le blé, l'humain vénère
Vénère l'humain ce fruit
Qui donne un jus amère
Qui égaie entière la vie

Parfois c'est du Bordeaux
Ou bien c'est du Bourgogne
Soit rouge ou non cette eau
De l'âme efface la rogne

Avant du val du grain
D'où sort notre farine
L'élan de l'être humain
Réveille la lyre divine

Et la moisson annonce
Cet instrument divin
Qui la paresse enfonce
Depuis tôt le matin

De toute ethnie, les gens,
De tous les coins, accourent
Pour envahir les champs
Et en sortir l'amour

Le cœur tout plein de joie
Après sa nuit de fête
L'humain aux champs se bat
Pour dissiper disette

Le long sillon l'attend,
Couvert de vie pour tous
L'humain on voit chantant
Parmi les blés qui poussent

Comment l'arôme des fleurs
parfume les champs de blés
Comment en plein bonheur
L'humain fait sa corvée!

Couleur, arôme et son
Du sol pour tous émanent
Lorsqu'on fait la moisson
Du blé ou de la canne

Et son, couleur, arôme
Unis devient doux chant
Qui tout à fait embaume
Les monts avec les champs

Après que l'on termine
De ramasser les grains
Le cœur encor s'anime
A boire un bol de vin

La flore avec la faune
S'amuse avec ce chant
Qui vole agile et prône
La joie dans tous nos champs

S'égaie fort la ménure
Quand il entend l'écho
De la musique pure
De l'homérique héro

Les grains dans les sillons
Assurent à tous bonheur
Au long de beaux billons
Beauté assurent les fleurs

Si magnanime son
De ce joyau plein d'art
Qui fait de la moisson
Son grand bel auditoire

Au fur que l'on laboure
A ramasser les grains
Le cœur comblé d'amour
S'ennivre encor d'entrain

Au rythme assez gracieux
De ce morceau d'histoire
Les pois toujours copieux
Ne sont plus dérisoires

Jardin si fabuleux
Qui à l'être roi sait plaire
Combien la lyre émeut
Au rythme de l'épeire

L'épeire emploie sa toile
Avec ses doigts très fins
Pour faire un festival
De la moisson du grain

Et comme une harpe ancienne
La toile y vibre assez,
Dont la douceur sereine
Un nain sait performer

C'est un homunculus
Qui reste à la moisson
Dès l'aube il tous nous laisse
Ouïr un très doux son.

Heureux tambourinaire
D'un rythme ravissant
Avec le son d'épeire
Attire la pluie aux champs

La fine toile d'acier
Que notre épeire tricote
Permet au nain sorcier
D'offrir de souples notes

Il joue avec la bête
Un très joli beau son
Qui rend comme une fête
La journalière moisson

Et sous la lyre d'Orphée
Se tient meilleur l'Eden
La toile de l'araignée
Permet qu'éclose la graine

On voit aussi l'ailé
Pendant le festival
De la moisson aimée
Faisant vibrer la toile

L'épeire multicolore
S'amuse tout à fait
Quand on y voit encore
Le Prince danser en paix

Et grâce au son d'Orphée
Nulle part aucun ne pleure
Le nain avec l'ailé
De rien jamais n'ont peur

La lyre, le nain, l'épeire
Nous font un paradis
Du monde imaginaire
Par leur douce harmonie

C'est un très doux concert
De nos petits héros
L'ailé avec l'épeire
S'amuse tout à gogo

Alors l'épeire s'embrasse
Avec le Papillon
Pendant que l'on ramasse
Les grains de la moisson

Et le héro d'Homère
Et le petit gracieux,
Jadis ou bien naguère
Ne se sentaient si mieux

Nos champs bons à jamais
N'auront aucune vermine
Qui avant nous dérangeait
Et notre joie termine

Au festival du grain,
On veille assez le ciel
La lyre avec nos mains
En déracine la nielle

La lyre émane un son
Qui empêche que la nielle
La danse en pleine moisson
Ne soit point criminelle

Les fleurs et les céréales
Y poussent librement
Car nos moissons joviales
N'en souffrent dans nul champ

Pendant la foire du grain
La brise alors si douce
La lyre et notre vin
Nous font meilleurs nous tous

Ensemble rythme et son
Magiquement protègent
L'essor de la moisson
Malgré la pluie en neige

Pendant la foire du grain
Malgré le temps qui court
Bénit de joie nos mains
Le rythme d'un tambour

De la musique assez
Freinant les ravageurs
Assure une bonne poussée
Avant les fruits, des fleurs

Et le concert sublime
Offert par nos amis
Prévient qu'il y ait du crime
Par les féconds semis

Quand ce concert se tait
On voit périr la flore
La pomme de terre se fait
La proie du doryphore

Bénit nos mains aussi
Le rythme de la toile
Quand notre lyre ravit
L'épeire si musicale

L'écho de sa musique
Parcourt nos champs sacrés
En harmonie lyrique
Avec la pluie aimée

Pendant les jours de pluie
On voit la belle cigale
Chercher un bon abri
Au-dessous d'un toit génial

Elle prend ce domicile
Avec le papillon;
C'est un refuge utile
Le toit d'un champignon

Et là, dans cet abri
Ils dansent avec la lyre
Où la bruiteuse crie
Un son qui tous attire

Les deux insectes font
Un si joli concert
D'un rythme et d'un doux son
Que prend élan l'épeire

Suivant la lyre d'Orphée
Au rythme de la toile
De la belle araignée
Reprend le festival

Avec l'élan nouveau
De l'araignée bizarre
Tout champ nous est plus beau
Et riche en vert espoir

Avec ses doigts si fins
En tricotant sa toile
Dans cet endroit si saint
La bête y fait son bal

Et dansent en carrousel
Autour du champignon
Avec une joie nouvelle
Cigales et papillons

Et l'homoncules bon,
Sous cette ambiance d'amour
Sait faire du champignon
Un mélodieux tambour

Heureux tambourinaire
Qui lâche un son béni
Qui avec la bonne épeire
S'amuse avec la pluie

La pluie l'y accompagne
Encor le ciel si bleu
Fertile est la campagne
Par la magie de Dieu

Et sur les champignons
Les gouttes tambourinent
Au rythme de leur son
Font jeu les ballerines

Ce sont des fleurs joviales
D'un frais et doux parfum
Qui laisse au festival
Tenir jusqu'au matin

Après la pluie bénite
Réchauffe le Soleil
Si vaste ce beau site
Qui nous tous émerveille

L'humain en est agile
Dansant dans les sillons
Combien devient fertile
Le sol quand nous l'aimons

Est si fécond le sol
Et bons et sains ses fruits
Que l'homme les cajole
Pour prolonger sa vie!

Le sol dans ce canton
Se tient si fort fertile
Que dès chaque moisson
Sourie heureuse la ville

Allons tous imiter
Ce bel endroit jovial
Que Dieu fait irriguer
Du trône célestiel

N'y existe plus la haine
Voire même le méfait
Mais un lieu où pousse la graine
Qui garantit la paix

XXVIII

Au rythme de la lyre
Depuis le beau matin
On voit danser et rire
De gros petits moulins

Et tant de fleurs vermeilles
Heureuses chantent et dansent
Du haut le bon Soleil
Enjolivant l'ambiance

Les bras de ces moulins
Qu'entourent les belles tulipes
Qui germent sans chagrin
La brume ultime dissipent

S'efface la brume ultime
Au seuil du bon matin
Dans ce lieu bellissime
De fleurs et de moulins

Pas loin ce sont des cloches
D'un son vraiment si fin
Qu'alors nos fleurs si proches
Commencent un bal divin

Ce sont des vaches laitières
Avec des cloches d'airain
Qui aiment voir entière
La joie de beaux moulins

Pouvoir rester ensemble
Dans ce concert divin
Qui rend le cœur plus amble
Et plus aimé le grain

Ta-tin ta-tin ta-tine
Ta-tin ta-tin ta-ta
Ce sont des cloches fines
Harmonisant la joie

Et bals et danses aussi
Sont quelque chose d'unique
Au champ tout est joli
Quand joue la lyre magique

Un chant très mélodieux
D'une voix sans nulle égale
Qu'à ce concert gracieux
Ajoute la cigale

C'est un bel opéra
Que la cigale offert
Et dont la tendre voix
Féconde encor la terre

Alors qu’elle n’est plus dive
Comme elle l’était avant
N'est plus sa voix tardive
A la moisson des champs

La joie est désormais
Plus belle et bien meilleure
La dive ainsi nous fait
Heureux bons laboureurs.

La dive ajoute au jour
Son chant si merveilleux
Qu'une atmosphère d'amour
Remplit de joie nos lieux

L'ensemble de couleurs
Qu'on voit ravir aux champs
Nous fait tenir la fleur
La muse de nos paysans

Les champs où belles éclorent
Les fleurs avant les grains
Nous embellissent la flore
Dont notre faune tient

Et même avant l'aurore
Reluit la Mimosa
Qui avec les Boutons d’or
Cajole l'Hortensia

Combien le Géranium,
L'aurore une fois venue
Sans doute enivre l'homme
Tel fait notre Amarus

Combien la Tubéreuse
Le ciel en remercie
Puisqu'elle se voit heureuse
Dans ce pur paradis

Divin lieu de Coucou
D'Iris et de Bruyères
Encor de Gueule de loups
Et des jolies Trémières

C'est bien la Passerose
Que l'on distingue aussi
Des Malvacées, la Rose
Qu'alors Trémière on dit

Semis de Chrysanthèmes
Qui parent tous nos sillons
Et font des beaux diadèmes
Avec de Roses Pompons

Et voir les Rénoncules
Avec les Eglantiers
Qui même en crépuscule
Font foi aux braves Lauriers

L'Iris avec la Rose
L'Astor et le Muguet
Trésor dont Dieu dispose
Pour embellir la paix

Tout verts les champs en fleurs
Décorent le paradis
Avec tant de couleurs
Le monde est plus joli

Avec ses citoyens
Qui chantent, rirent et dansent
Heureuse la vie se tient
Dans ce royaume immense

Les bras avec les ailes
Chacun à sa façon
Sera presqu'éternelle
La nécessaire moisson

Jamais n'est irascible
L'humain dans cet endroit
Sous la moisson paisible
Du mal, il n'est la proie

Et sous la lyre encore
Les ailes avec les bras
Depuis venu l'aurore
Aux champs, ils nous font rois

Le jour on est Cérès
Le soir Bacchus est-on
Partout sans nulle paresse
On boit et mange bon

Sous l'adorable chant
De ceux qui en terre labourent
Avec la paix du champ
La vie s'habille d'amour

Au rythme de la lyre
Depuis le haut guidé
L'humain écarte l'ire
Qui étouffe ses idées

Pour tous c'est suffisant
Ceci que crée la Terre
Par Dieu nous empêchant
Qu'on soit dans la misère

L'oiseau y trouve aussi
De quoi bannir sa peine
Son chant est plus joli
Quand germe heureuse la graine

Le sol plein de richesse
Tient tous en harmonie
Ne laisse jamais paresse
Creuser entière la vie

La vie est si aimée
Quand l'homme efface famine
Et vole heureux l'ailé
De grains le sol une mine

XXIX

Mon Ile

Endroit bel édénique
Où pousse un Lierre pressé
Plus fort et magnifique
Qu'à nos dernières années

Ainsi qu'au tronc se colle
Ma très chère Orchidée
Le Lierre est un symbole
Qui chance nous a adhéré

Aimons le Lierre qui tient
Et l'Orchidée fragile
Poussant dans tous les coins
Dans notre encor belle Ile

Combien le monde est beau
S'il reste tout couvert
Des grands jardins royaux
De Roses et de Fougères!

Couvert de Marguerites
Glaïeuls, Fushias et Guis
Le rend la favorite
Du grand Soleil qui luit

Aucun méchant averse
Aux champs ne vient jamais
Donner un sort adverse
Qui brise en nous la paix

Eden d'amour et fruits
De paix et sain confort
Où chante un Colibri
Avec le Tocorore

Avec le chant sublime
Du chœur de ces oiseaux
Devient plus magnanime
Ce lieu guidé du Haut

Font un dessein unique
Ses palmes et manguiers
On croit ce lieu magique
Du monde, le premier

Combien tout cœur fragile
Joyeux sourit et bat
Quand on regarde dans l'Ile
Les gens aimer la joie

La faune avec la flore
Contente y est vraiment
Ce lieu multicolore
Attire la paix aux gens

Sa mer et ses rivières
Sont un cadeau du Roi
Dont sont vraiment très fières
Ochoun et Yemaya*

Un trait fort exclusif
Qu'on trouve en chaque mont
Et pris pour distinctif
C'est bien son vert citron

La mer qui entoure ce lieu
Demeure si émeraude
Que jeunes, petits et vieux
En toute barque y rôdent

La brise maritime
Caresse tant leur peau
Qu'on trouve un lien intime
Parmi ces hommes et l'eau

Et nul fléau malsain
Ne peut gêner personne
Lorsqu'on s'en va au loin
Sur cette mer si bonne

Souvent la mer jolie
Devient un corridor
De ceux qui veulent leur vie
D'un différent essor

Est bon aussi le vent
Qui tout navire entraîne
Soit bon ou non le temps
Sur cette mer sereine

Dans l'Ile de l'agrume
Ce lieu du perroquet
Voire même sous la brume
Toujours on est très gai

C'est l'Ile d'un grand trésor
D'amour un paradis
Où vole un Tocorore
Avec un Colibri

Pour tout cubain symbole
On aime cet oiseau
Qui en branche ou bien en vol
Eveille un beau Drapeau

Il garde les couleurs
De notre toile aimée
C'est bien l'oiseau empereur
De mon pays sacré

Le Tocorore joli,
Le Perroquet si vert
Avec l'Oiseau petit
Symbole de notre Terre!

Beau site de vertu,
D'amour et de plaisance
Tout mon pays est cru
L'endroit pour l'espérance

Sa mer cadeau divin
De l'île fait un Eden
Son doux écho marin
Renforce l'âme humaine

Cette mer demeure toujours
Royaume très imposant
De joie, de paix, d'amour
Où vont heureux les gens

Au rythme de la lyre
S'en vont danser sur l'eau
Tellement de fins navires
Que tout devient plus beau

Avec ses eaux en paix
Heureuse ondule la mer
En joie montrant qu'elle est
La reine de la terre

Cette mer qui entoure mon Ile
Est paradis marin
Où vivent sans péril
Ses bêtes en copain

Allons plonger un peu
Dans l'univers immense
Pour admirer heureux
L'empire du vrai silence

XXX

Encore mon Ile

J'y reste encor puni
Dans ma maison sans barre
Souffrant de l'infamie
De ceux qui n'ont d'égard

Pour un oiseau sans nid
Ni un reptile bizarre
Malgré les Saints Avis
Ces êtres n'ont d'égard

Par tant de haine en eux
Ayant un cœur infâme
Douleur d'autrui n'émeut
Leur dure et mauvaise âme

Egard ils n'ont aucun
Malgré l'amour du Ciel;
Ils sont pour les humains
Telle pour les champs la nielle

La nielle étouffe la pomme
Ainsi que le navet
Et tel étouffe l'homme
S'il vit sans pain ni paix

Manquant et paix et pain
Partout tout est douleur
Aux champs manquant les grains
Partout tout est terreur

Pensez, de grâce, un peu
Que dans tout l'univers
Le monde n'est, mon vieux
Qu'un morceau de terre

Aller ailleurs d'ici
Devient très due à faire
Montrant que notre vie
Ne rien qu'une courte affaire

Alors vivons en paix
Aimant le Lors toujours
Tandis au monde on fait
Un lieu de joie et amour

XXXI

Toujours la Lyre

La lyre évoque un chant
Pour enrichir les sols
Et faire accroître aux champs
Le bien qui tous console

Et la terreur s'en va
Les champs sous la musique
Où l'abondance accroît
En rythme mélodique

L'épeire avec sa toile
Se fait accompagner
Du chant de la cigale
Et de la lyre d'Orphée

Ces animaux jolis
Y font un grand concert
Avec le bon outil
En bois et même en fer

Et tel un festival
La bonne moisson se tient
Où sous un vrai beau val
On danse avec l'humain

C'est un concert unique
Ce festival du champ
Soulage écologique
Pour l'environnement

On m'a parlé d'un lieu
D'orange et pamplemousse
Où grands, petits et vieux
Admirent la fleur qui pousse

Elle pousse sans contrainte
Parmi ces fruits si doux
Jamais aucune crainte
Ne la dérange du tout

Mais dans ce lieu paisible
D'amour, de joie, de paix
L'humain ne prend pour cible
Aucun beau perroquet

C'est un oiseau royal
Qui parle ainsi que vous
Voilà l'oiseau jovial
Pour qui l'humain n'est loup

Si vert est son plumage
Que l'on le perd au bois
C'est un plumé si sage
Qu'aucun n'en fait sa proie

Bavard il est toujours
Ainsi qu'un magistrat
Et dit à tous bonjour
Quand on arrive au bois

Sauvage et libre il vole
Dedans les monts verdis
L'écho des rossignols
Rimant avec son cri

Sa voix vraiment aigüe
Toute harmonieuse demeure
Dedans ces monts touffus
De papillons et fleurs

Bien des humains barbares
Font chasse au bel oiseau
Pour qui ils n'ont d'égard
Étant un vrai fléau

Quand même une cage en or
N'empêche son chagrin
D'imaginer l'aurore
Sans feu et sans matins

C'est mieux le voir voler
Dans son allure bizarre
Ou bien par là chanter
Sous son langage rare

Au rythme de la lyre
Le vol du perroquet
Jamais n'est vu languir
Où pousse la graine en paix.

Le perroquet sauvage
Qui vole de pin en pin
Rend beau notre entourage
Et fait sourire l'humain

C'est un oiseau bizarre
Avec une fausse voix
Qui vole sans nulle bagarre
Dans ce très bel endroit

L'ailé, le rossignol
Ne voient le perroquet
Comme un bouffon guignol
Le chant gênant la paix

Le chant de nos oiseaux
En harmonie résonne
Dans cet endroit tout beau
Que le bon Dieu nous donne

Et ces oiseaux heureux
Le sont bien davantage
Quand le "Sinsonte" émeut
Aussi notre entourage

C'est bien le bird en gris
Qui fait tous les chanteurs
Soit merle ou canaris
Ou le moineau danseur

Le perroquet pourtant
Aucun oiseau n'imite
Il a de tous les gens
La nuance favorite

Avec son bec si laid
Il chante en espagnol
En belge ou en anglais
En grec ou en créole

Vaut mieux qu'il fasse son chant
Dans un endroit réel
Pour rendre encor les champs
Plus beaux et moins mortels

Quand une espèce meurt
Notre harmonie se rompt
Soit cage ou vase à fleurs
Il est toujours prison

Son chant il faut qu'il fasse
Dans son langage à lui
Partout avec sa race
Sous le Soleil qui luit

Le pain pour la "cotique"
Au sol est mieux trouvé
C'est là, la source unique
Du riz, maïs ou blé

Dans cet endroit tout vert
D'arôme et de parfum
Que calme entoure la mer
Joyeux demeure l'humain

Partout on trouve un arbre
Couvert de fruits juteux;
Parfois c'est bien du marbre
Pour faire mémoire aux vieux

Du ciel est un projet
Ce lieu vraiment fertile
Et voir le perroquet
Toujours un roi dans l'Ile

Sinsontes et rossignoles
Aux champs s'envolent unis
Pour féconder le sol
De leurs chansons jolies

De la beauté sans doute
Accroît dans tous les champs
Quand ces oiseaux ajoutent
Encor leur doux beau chant

Leur mélodie arrive
A tous dans les sillons
Pour rendre encor plus vive
La joie de la moisson

La joie de la moisson
Un grand succès provoque
La lyre avec son son
L'élan de l'homme évoque

L'humain et son panier
Labourent ensemble et fiers
Etant les forts alliés
De la moisson prospère

Le riz ou le haricot
Le blé ou l'arachide
Nourrit tous les oiseaux
Sans voir l'humain avide

Son bien cet homme partage
Avec amour profond
La lyre met davantage
Les beaux semis féconds

L'oiseau, l'humain, l'ailé
L'épeire et l'homuncule
Avec la fleur aimée
S'éblouient du crépuscule

Au loin c'est un paysage
Doré, Lila, vermeil
Tableau d'un vrai bon mage
Que laisse un grand Soleil

Derrière cet horizon
Se couche notre Etoile
Tandis qu'en pas d'un son
On reste en festival

Le festival du grain
Qu'allégrement on fête
S'écoule encor bon train
Sans peur d'aucune disette

Que c'est bel et génial
Comment partout les gens
Accourent au festival
De la moisson des champs

Faisons leur compagnie
Dans la sacrée besogne
Pour préserver la vie
En France ou en Pologne

Après la bonne récolte
De bons produits vitaux
La vie se tient plus forte
Et l'horizon plus beau

Du ciel Il nous regarde
Quoique partout pourtant
Et nous conseille qu'on garde
Couverts de vie les champs

Dès la moisson du grain
On va jusqu'à la gloire
Où tous avec l'humain
Sont vus au même miroir

On fait du bien à tous
Soit-on petit ou vieux
Et laisse la fleur qui pousse
Envers l'azur de Dieu

Soit-on blanc noir ou jaune
On soigne assez nos biens
Où l'on ne prend la faune
Pour ravageuse de rien

La faune est bien variée
D'espèces différentes
Où voire la plus élevée
N'en est jamais méchante

Et quel que soit ton nom
Ou quelle que ta fortune
Les mains dans les sillons
Assurent la paix commune

Merci, ô mage saint
De nous offrir ton art
Pour faire un beau jardin
Tel ton royaume de gloire

O, Mage saint, merci
De nous offrir ton art
Lequel nous a permis
De faire réel l'espoir

Je veux dans tout endroit
Que l'on vive en amour
Tout plein de paix et joie
Et l'abondance au jour

Aimez bien la moisson
De grains et de verdure
Pour que dans chaque maison
La vie ne soit pas dure

Et qu'au printemps il pleuve
Qu'il neige au temps si froid
Les gens jamais ne crèvent
De faim qui tous effroi

XXXII

La Lyre encore

Au rythme de la lyre
L'amour et la vertu
Parmi les hommes rirent
Etant la faim perdue

Le monde plein de graines
La faune est sans chagrin
Etant le sol fontaine
Du bon essor humain

Le papillon danseur
Le bal d'Orphée poursuit
Et valse autour les fleurs
Dont la beauté l'éblouit

XXXIII

Encore la faim

La faim efface d'un coup
Notre richesse ancienne
Et fait de l'homme un loup
De son image humaine

Les mains ensemble unies
Transforment encor le monde
Et font que notre vie
Nous soit vraiment fécode

L'esprit d'une bonne liqueur
De pomme ou de raisin
Ranime encor l'ardeur
Du grand virtuose aux mains

L'ambiance se parfume
Par tant de fleurs partout
Que même sous la brume
Le temps s'écoule doux

Ce temps qui court pour tous
Pour ceux alors aux champs
Ou même dans la brousse
S'écoule-t-il tout doucement

Tel fait le vin de vigne
Le rhum ou le whisky
Qui élance au bal le Cygne
Au chant du Colibri

Ce Colibri partage
Avec le papillon
Sans faire aux fleurs outrage
Un grand amour profond.

Profond encor bon gré
On sent de notre sucre
Celui des gaminées
Pour tout avare, bon lucre

Dans notre endroit sans peine
On aime assez le doux
Et bon produit qu'Amène
Le dévicieux vesou

La bonne boisson qui vient
De notre reine vigne
Qui à tous procure un vin
D'essence enterré bénigne!

Si remontant l'eau-de-vie
Par là, elle vient au monde
Le Ciel j'en remercie
D'en voir la terre fécode

Encor pour le parfum
Est bonne l'eau de canne
trouvée chez un Guerlain
Non moins chez un Rabane

Encor un bon bouquet
Nous offre le maïs
Les gens qui en boivent en paix
Jamais ne se haïssent

Allons nous mettre ensemble
Pour voir comment ce lieu
A tous assez nous semble
L'Eden conçu par Dieu

Royaume sans vipère
Qui puisse tromper l'humain
Le sol noie la misère
Couvert de fleurs et grains

Le mâle et sa compagne
Labourent dans la moisson
Ainsi dès la campagne
La ville prospère ils font

Alors les animaux
Partout ensemble admirent
Ces hommes sans rivaux
Danser avec la lyre

On danse et on laboure
Au long de beaux sillons
Tandis que tout autour
S'amuse un papillon

C'est lui le prince des fleurs
Qui franchement s'égaie
Que son endroit en couleur
Devienne un coin de paix

L'odeur de ses amies
De joie tellement l'enivre
Qu'il croit pour paradis
Ce lieu si bon à vivre

Parfois c'est impossible
Avoir un lieu si bon
Etant une triste cible
Du grand maudit démon

On sait d'une zone obscure
Où rien n'en pousse en mai
L'humain tue la nature
Vivant sans grains ni paix

C'est donc un lieu tout morne
Sans fleurs ni papillons
Sans que leur vol y ornent
Les plaines et les monts

L'humain ayant le ventre
Tranquille et satisfait
Empêche alors qu'il entre
En guerre avec la paix

Et l'être est tel un fou
Ayant le ventre vide
Avec la pluie est boue
Le champ s'il est aride

Et gris l'essor devient
Et tout nous est désert
Malgré l'esprit humain
Etant le champs misère

La joie nous vient du champ
Si l'homme le cultive
Et il devient méchant
S'il n'a ni blé ni olive!

Et Dieu notre homme attaque
Disant que c'est à Lui
La faute de voir opaque
Le champ sans des semis

« Maudite soit notre ère »
Nous dit l'humain sans joie
S'il est sous la misère
C'est bien la faute à soi!

Si même en son de lyre
Le champ n’est plus si beau
Au lieu d'aimer, maudire
dessèche les cours d'eau

La paix cet homme égare
S'il n'y a nul grain au champ
Où c'est un cauchemar
La vie de nos paysans

XXXIV

Sans haine unir nos mains
Dans chaque action féconde
Du ciel est un dessein
Visant l'amour au monde

Et cet élan prospère,
De l'être humain un droit
Atteste assez la terre
L'Eden que Dieu conçoit

Et ce bijou à corde
Le son duquel on suit
Assure à tous concorde
Telle fait aux fleurs la pluie

Encor bijoux magique
Qui berce le milieu
Et dont la belle musique
Approche l'être à Dieu

Pourvu que l'être humain
Conserve les couleurs
De l'aube du matin
Et du Muguet, l'odeur!

Les jours de crue chaleur
De neige, de pluie, de vent
Ne causent aucun malheur
A la gaieté du champ

Ce son sait faire du blé
Par sa cadence douce,
Un grain sans doute aimé
Parce que sans nielle il pousse

La nielle est mauvaise herbe
Qui ne sait pas danser
Au rythme assez superbe
De l'instrument d'Orphée

Le cœur gonflé de joie
Dans un milieu prospère
Pour l'être humain sera
L'amour de notre Père

Au rythme de la lyre
Ce but sera accompli
Visages pleins de rire
Prolongent notre vie

Du choix fera l'humain
Assez réel l'usage
Au moins que son instinct
D'autrui ne fasse outrage

Et il aura sa part
Sans pour autant d'autrui
Saisir, tel un barbare
Le bien ou la jolie

Et tout le monde ensemble
Autour du bel Orphée
Fera que se ressemble
Au ciel notre corvée

Le son qu'émet sa lyre
Est doux et si joli
Que même Dieu admire
Ce nouveau paradis

Saint paradis d'amour
Et d'abondance et paix
Que le constant labour
Le tient sans nul forfait

Et le travail nous tient
Heureux ce bel Eden
Rempli de fleurs, au moins
Que l'homme efface sa peine

Sa peine est bien finie
Partout tenant labour
Partout vivant unis
Les êtres sous l'amour

XXXV

Neverland

Suivant du Ciel l'avis
Au monde on a des sites
A tout jamais remplis
De fleurs vraiment bénites

Dans la jolie Vallée
On voit tellement de fleurs
Que notre prince ailé
De Dieu croit la Demeure

Les animaux s'amusent
Sans qu'on leur porte ennui
Tant nul n'en fait abuse
Dans cet Eden joli

Les bêtes et les gens
Unis labourent et dansent
Dans cet endroit charmant
D'odeur remplie l'ambiance

Béni le créateur
Qui sut ce lieu créer
Remplis d'amour et fleurs
Et de châteaux de fées

Et Dieu se voit allègre
Par la Vallée de paix
Royaume d'amour intègre
D'Iris et de Muguets

C'est un endroit grandiose
D'Orties et Romarins
Que Dieu à tous dispose
Par tant de beaux jardins

Lauriers et Mimosas
Asters et Cyclamens
De ce canton de joie
Nous font un digne Eden

Pensées et Nénuphars,
Lilas, Lys et Pavots
Du ciel font un miroir
De cet endroit si beau

Soucis et Tournesols,
Jasmins et fins Dahlias
Peut-on trouver aux sols
Où s'en racine la joie!

Sacré que soit ce monde
Couvert de fleurs jolies
Sans que jamais s'inonde
De haine ou d'infamie

De Roses et Tulipes
Glaïeuls et beaux Muguets
Où meure ou se dissipe
Qui tue, l'esprit mauvais!

Combien mon âme grandit
Par ce superbe Eden
Couvert de fleurs jolies
Poussant sans peur ni haine

Combien je prie le Ciel
Que dans ce paradis
La tendre et belle Danielle
Demeure toute épanouie

Combien la terre divine
Je veux qu'elle soit comblée
D'Arums et de Glycines
De Choux et d'Orchidées

De tendres Cassandras
Auprès des Chèvrefeuilles
Qui avec les Samanthas
Dissipent notre deuil

Combien je veux qu'au monde
De tels endroits soient faits
Remplis d'amour profonde
Remplis d'espoir et paix

Epilogue

Alors ma poésie
Est pour une tendre fleur
Pour la Danielle jolie
D'amour pur et fraîcheur!

Pour la Danielle en gloire
Que le mauvais esprit
Infâme et très barbare
Et sans remord, flétrit!

Et notre Prince ailé
Avec ses jolies fleurs
Dans l'univers rêvé
Pour la Danielle en pleurent!

Mais cette fleur aimée
En nous vivra toujours
Plus belle et adorée
En souvenir d'amour!

Et notre Papillon
S'envole, remis le cœur,
Vers tous les horizons
Où vit pour tous cette Fleur!

Et son parfum si frais
Tout l'univers parcourt
Message plein de paix
Et d'un grandiose amour!

C'est un nouvel arôme
Que le Très-Haut bénit
Parfum qui suave embaume
L'immense Eden fleuri

Le ciel qui nous entoure
Tel le saphir est bleu
Où vole comblé d'amour
Le Papillon heureux

Et seul ou autrement
Très libre on voit qu'il vole
Alors heureux les gens
Et tout en fleur le sol!

www.ingramcontent.com/pod-product-compliance
Lightning Source LLC
LaVergne TN
LVHW012332100826
845148LV00017B/2124

* 9 7 8 1 7 7 0 7 6 7 4 6 1 *